AF368418

TOXIQUES & CODEX

Première édition du présent ouvrage :
Toxiques et codex, éditions Alexipharmaque, 2013
ISBN : 978-2-917579-27-5

Bruno Favrit

TOXIQUES & CODEX

Suivi de
**LA POMME OU LE CROISSANT
ANAMNÈSES - DÉVOILEMENTS**

TOXIQUES ET CODEX

LA POMME OU LE CROISSANT

ANAMNÈSES - DÉVOILEMENTS

TOXIQUES ET CODEX

Première partie

Apologie et rhétorique

Que pourrait-on dire différemment ?
Ce que personne n'entendrait.

L'intellectuel s'exerce moins à forger des idées qu'il ne témoigne d'un grand art dans la façon de les ré-emballer.

L'homme de son temps donne un sens à ce qui n'en veut pas avoir.

On préfère penser le monde sans chercher à l'expliquer.

Prêts à se brouiller avec leurs proches pour

la défense de convictions qui ne leur appartiennent pas.

Les docteurs ont leur diplôme, les philistins ont leur ventre. Ainsi n'est-il plus permis de croire en l'homme par surprise.

Deux occurrences à donner à la liberté ; selon qu'elle veut vivre à l'ombre ou sous l'éclairage de l'égalité.

Vérité d'hier devenue erreur d'aujourd'hui. Et vérité d'aujourd'hui ?

Le sens que l'époque s'est donné : gagner du temps pour mieux le tuer ensuite.

On s'abstient mieux d'agir quand ce n'est pas pour posséder.

Exigence du risque zéro : s'empoisonner la vie pour ne pas s'empoisonner l'existence.

Ils voient évolution là où il n'y a qu'évolution d'une pathologie.

Avoir la foi c'est vivre avec les indifférences de Dieu.

Éphémère et inconcevable, une religion soucieuse d'embrasser l'homme dans son entier.

Dieu vomit les tièdes bien qu'ils soient la condition de son hypothèse.

La supériorité de la religion sur la science c'est qu'elle n'a pas à rationaliser l'irrationnel.

Combien peu de nos lois intéressent la morale plutôt que l'efficacité.

On qualifie de bien portants les malades dès lors qu'ils sont les plus nombreux.

Indifférence, jugement, approbation. Trois styles.
Ou plutôt trois absences de style.

En qui possède peu de *biens*, on ne voit pas un sage mais un raté.

Nous vérifions trop scrupuleusement les lois de la pesanteur.

Les hommes aiment à s'accorder pour obscurcir les symboles les plus intelligibles.

Ils sont comme ces fruits présentés sur les étals des *grandes surfaces* : gonflés et luisants à l'extérieur mais fades dans leur chair et saturés de pesticides.

À force de civilités, on finit par ne plus entrer dans la pièce.

L'homme de qualité a moins d'attrait aux yeux du monde que celui qui se repent de ses vices.

Un monde qui ne communique pas sur sa structure mentale et renâcle à fournir des informations sur ses profondeurs physiques manque de correction à notre égard.

Lucidité. Le défaut du penseur est moins de trop produire que de ne pas réserver ses tirages à quelques-uns.

On critique l'autre par dépit, parce qu'il a fait preuve de l'audace dont nous avons manqué.

La conscience énonce le vrai, l'expérience éclaire le réel.

On sait mieux disserter sur les droits à l'égalité que sur l'étendue des mérites de celle-ci.

Le malfaiteur ne croit pas au mal ; le

prédicateur y croit trop. – Mais avons-nous
là le même mal ?

Ils flattent plus souvent Dieu qu'ils ne
l'honorent.

N'aimer pas une catégorie de l'espèce est
socialement condamnable. Ne l'aimer pas
dans son ensemble est permis.

Une vérité n'est adoptée que par son utilité
pour l'espèce, c'est-à-dire quand elle perd
son caractère objectif.

Il ne suffit pas de réconforter l'infortuné
pour le sauver de ses inconséquences.

Vivre sous la menace et la promesse, dans
l'ignorance et l'ornementation.

On repère sans mal l'homme à la pensée
oblique chez le fondamentaliste religieux.
Tandis que le rationaliste, louvoyant dans

un monde qu'il a vidé de toute métaphysique, passe inaperçu.

Tragédie du rationaliste athée : il doit se résoudre à réévaluer l'incohérence de l'absolu.

Le matérialisme dialectique énonce que nous sommes nés pour n'être bientôt rien. Le vide et puis le rien.

Ce dont l'homme du jour parvient à tirer gloire ce n'est pas de sa grandeur d'âme mais de sa vocation à capituler.

Ce qui n'est pas prétexte est appelé à le devenir.

On prétend défendre une morale bec et ongles et l'on ne fait que se divertir.

Égalité : abstraction que l'homme s'est trouvée pour s'identifier à la part la plus stable de lui-même.

Ce qu'il est préférable de penser ne sera toujours l'objet que d'une préférence.

Pourquoi les mêmes qui martèlent que tous les hommes sont égaux n'ont-ils que le mot « inégalités » à la bouche ?

Pourquoi la liberté sert-elle d'argument à ceux qui n'ont d'elle qu'un amour modéré ?

On interprète mieux un mal par un déficit des institutions plutôt que par la seule nature humaine.
Toute entreprise démocratique se heurte à ce que l'on part du postulat que le peuple a des qualités.

Générosité et restriction tissent l'oxymore de la religion.

Il y a ceux qui ne voient pas que le roi est nu.
Pas pour autant moins nombreux que ceux qui, le voyant, choisissent de se taire.

On critique et on conspue le politique ; jusqu'à sa mort où lui sont brusquement attribuées les meilleures qualités.

Il n'y a aucune généralité objective. C'est ainsi que, lorsqu'on mentionne une catégorie, on l'idéalise ou on la déprécie.

On justifie nos maux par les actes et les pensées que l'on prête à autrui.

La vanité c'est de ne pas laisser parler d'une voix plus forte le sentiment d'avoir déchu.

Un dieu exclusif et colérique n'indispose pas l'homme exclusif et colérique.

Dans une société qui réclame des héros, mais où chacun peut faire figure de héros.

Du réel, on n'admet que le convenable et le convenu. Il est diminué avant même de pénétrer nos consciences.

L'amour en soi a aussi peu de signification que tout ce qui se construit autour de lui. Il est idée, concept, nécessité, utopie. En permanence dérouté.

La foi dans la nature humaine ne peut se concevoir qu'en tournant résolument le dos à sa voracité.

Nous sommes destinés au bonheur et nous ne mourrons pas : il y a des tromperies imprimées dans nos gênes, de grossières ficelles auxquelles recourt la nature pour exhorter l'être pensant à se propager.

Bien nourris, bien manœuvrés

Toute interprétation du monde finit par se conformer à nos projets.

Les testaments, les codes et les conventions sont la sanction de ce que nous avons préféré la sécurité à la liberté.

Accéder à la reconnaissance mais non pas à la connaissance.
Certes, mais ces petits arrangements suffisent à évaluer et à satisfaire nos potaches.

Nature de l'opinion publique :

promptement effrayée, promptement
rééduquée.

Lorsque l'on commence à entendre parler
de géométrie, le moment est venu de
s'exiler.

Il convient toujours de se demander si une
liberté n'a pas été payée indûment.

La compassion est à l'amour ce que Dieu
est à la divinité. Cela ne suffit pas.

Qui ne conçoit les morts que sous terre
manque de discernement sur l'espèce.

Entre l'acquis et la promesse d'acquérir, la
seconde proposition mobilise mieux les
caractères.

Se comparer et comparaître : deux postures
dictées par l'époque.

Où trouve-t-on les plus sûrs adeptes de l'égalité lorsque l'égalité s'installe ? Sur la paille des cachots.

Nous préférons nous éreinter à régenter ce monde plutôt que de l'écouter nous parler.

L'homme fait la religion qui fait l'homme.

S'instruire non pas de savoir qui nous idolâtrons mais pourquoi nous idolâtrons.

Il est moins fastidieux d'interdire que d'autoriser, de dire ce qui ne doit pas être plutôt que ce qui est.

Trop souvent nous nous sommes comportés comme des bêtes sans avoir eu à le regretter. Mais se comporter comme des bêtes eut parfois été préférable.

Ce n'est pas pour ce que l'on fait que l'on reçoit de la reconnaissance mais parce que l'on a respecté une consigne qui nous a été *suggérée*.

Une vie réussie pourrait se résumer à suivre les résultats sportifs et à veiller au bon approvisionnement de son garde-manger.

Liberté menacée n'a pas même saveur que liberté surveillée.

Les esprits égarés peuvent aussi cheminer en troupeaux.

Il y a la générosité et la générosité intéressée qui n'en a donc que l'apparence. Mais pour cette duperie, bien qu'elle soit le plus largement répandue, il n'est pas proposé de nom.

Louer ces joies médiocres qui nous dispensent de nous apitoyer sur nous-mêmes.

La plus grande force d'un système est d'enseigner à supporter l'ennui ; sa plus brillante réussite est d'avoir installé cet ennui au point qu'il devienne fin en soi.

Cette société ne fait et ne sait concevoir la perte de l'objet que s'il peut être immédiatement remplacé.

Aux agoras où se bousculent les marchands et les prédicateurs, le stylite passeur de mots est indécelable. Trop loin, trop haut.

Le pire est certain, disent les Ibères.
Surtout lorsqu'on ne veut pas le prévoir.

Nous ne connaissons pas l'impasse de l'écriture mais de l'hyperécriture.

Si l'harmonie doit relever du hasard, alors elle nous trompe.

L'être renvoie au non-être en ce qu'ils sont,

l'un comme l'autre, inconcevables. De la question de Leibniz, l'actualité a pour vocation de nous tenir éloignés.

Cette humanité ne veut pas de grandeur. Elle préfère se donner l'illusion qu'elle compte en faisant du tapage.

Une délation, si elle est décrétée morale, devient *signalement*.

La plupart de nos questions conduisent à des questions que nous ne souhaitons pas nommer questions.

Le contemporain se donne-t-il les moyens de sortir de ces deux automatismes : courir après ce qui lui manque et établir l'inventaire de sa prospérité ?

C'est avant tout le passe-temps, bien plus que le projet, qui nourrit les rêves d'une civilisation ventripotente.

Les vérités inutiles vivent d'autant mieux qu'on peut les approcher sans qu'elles ne nous fuient.

Experts, législateurs, censeurs, calomniateurs. Difficile de ne pas naviguer avec cet équipage.

On peut très bien s'égaliser dans la pénombre d'un troisième sous-sol.

Être l'esclave préféré du maître peut suffire à déterminer le privilège.

Il a l'impression de savoir donner son avis sur tout le monde. Mais ce n'est que l'avis de tout le monde.

Ce n'est pas tant la complexité que la futilité qui rythme notre tragique condition.

On ne fait jamais que singer des imitateurs.

L'état *naturel* de l'homme en société est de ne pas être lui-même.

Servir au peuple les propos qu'il est capable de comprendre ne suffit pas si l'espoir n'y point.

Le commun goûte mieux une affirmation recuite, fût-elle, à force, rendue méconnaissable.

Celui qui invente des histoires ne devrait pas tant se prendre au sérieux. Il ne témoigne que de ses prédispositions à distraire quelques êtres du poids du temps contre de quoi nourrir sa vanité.

Le sentiment d'être libre n'est corrélatif qu'à l'ignorance de ce qui tient enchaîné.

La dialectique recourt à la calomnie et aux racontars. Plus encore dans les régimes de liberté où liberté de penser s'accorde avec liberté de médire.

Dans le domaine de l'idée et de l'expression de celle-ci, l'esprit manœuvre entre ce qui est toléré et ce qui n'est pas recommandé.

Toute activité humaine consent à n'être dirigée que par la force de l'habitude, non par l'habitude de la force.

Nous manque de savoir expérimenter une ivresse qui nous élève au lieu de nous diminuer.

Le pouvoir entretient l'illusion qu'il sait mesurer et garantir au sein d'antagonismes rémanents.

Là où il est permis de chercher la vérité, on ne sollicite qu'une vérité.

On abjure l'évidence quand elle dessert l'utopie.

Soucieux que le néant connaisse d'heureuses issues, le contemporain s'applique à orchestrer l'avènement de non événements.

Délabrements

Ce monde oscille entre ne pas savoir et se tromper de savoir.

L'indulgence n'est souvent que le visage convenable d'une abdication.

La vie, lente agonie distraite par les choix.

La plèbe ne récoltera guère plus que ce que les puissants auront daigné lui abandonner.

Dieu, créateur dans la matière.
Indice le plus sûr de ce qu'il se réjouit perfidement de notre condition.

Pourquoi la sagesse serait-elle fondée à décréter la vérité ? Pourquoi serait-elle sans valeur du fait qu'elle ne prépare pas les esprits à être frappés des plus sérieuses déconvenues ?

Toute énonciation de vérité se déleste d'une part de vérité.

Nous manque quelquefois la liberté de présumer le vrai. On n'en a le plus souvent pas l'audace.

La populace exige des solutions dignes d'elle au lieu de s'interroger sur ce dont elle est digne.

L'erreur prisée par le grand nombre pour que l'erreur reçoive la faculté de sourire au grand nombre.

On peut dialoguer avec les ruminants.

En ruminant.

Lorsque ses regards s'exerçaient en direction des dieux, il comptait pour moins tout en espérant se grandir.
Aujourd'hui, occupé par lui-même, il n'aspire plus qu'à s'aligner.

La multiplication anarchique de l'espèce démontre le manque de considération qu'elle a pour elle-même.
Une activité humaine sans autres visées que de continuer à s'activer.

Pourquoi renoncer à servir des approximations à ceux qui n'aiment rien tant que naviguer en eaux troubles sur des coques sans gouvernail ?

Les désordres de l'âme : tautologie pour le vivant.

La voix du dévoiement se fait entendre

quand on se félicite de la régression d'un fléau sans se risquer à se prononcer pour son éradication.

Ils font penser à ces militaires à qui l'on demande de ramper sous les barbelées et qui s'exécutent avec célérité pour battre des records.

Le péché ne tient pas tant dans l'accomplissement du mal que dans l'ignorance de sa vraie nature.

Thérapies et bureaucraties rythment la tragédie de l'Urbs.

L'humiliation n'est plus dans la perte de son honneur mais dans celle de sa condition de consommateur ordinaire.

La modernité ne fait que marquer une étape supplémentaire dans un processus général de vieillissement.

Nous ne manquons pas d'ambitions mais d'ambitieux.

Il y a de la détermination dans le renoncement.

A-t-on jamais imaginé une philosophie pour la foule ?
Rien de mieux pour encourager le désastre.
Mieux vaut s'attarder en effet dans l'élaboration de fables.

Le progrès ne concède ses indulgences qu'à la vulgarité.

Ces *bons sauvages* dont on n'a pas voulu voir les tares – cannibalisme, excision, eugénisme – afin d'exposer nos torts avec plus de véhémence.

À force d'être fréquentées, il est des pathologies qui prennent le visage de la normalité, jusqu'à faire accroire qu'elles recèlent de l'appétit pour la vie.

L'épreuve à venir réside dans la forte proportion d'humeurs acrimonieuses qui auront réservé leur voix au *meilleur* prédicateur.

On peut déployer une grande énergie dans l'immobilisme et l'attentisme.
De même qu'on peut décider de donner un sens à ce qui n'en aura jamais.

Que ceux qui nient la vérité ne s'étonnent pas de ne l'entendre plus leur parler.

Plutôt que d'un défaut de perception d'autrui, tout manque d'estime provient plus sûrement de ce que nous nous sommes abusés sur nos qualités.

Une fois que l'ancre a touché le fond, ils se comptent soudain plus nombreux à préconiser de ne pas la laisser filer.

Une société qui, non contente de néantiser la pensée, organise l'instabilité des idées, voit ses phares épuiser leurs faisceaux dans la nuit, tandis que s'éloignent d'elle au gré des courants ses maigres planches de salut.

Toute civilisation ne chérit rien tant qu'une paix immédiate, soucieuse d'oublier que, sous les fondations, le creusement se fera sans échos ni secousses.

L'irrémédiable, s'il est à la portée de la pensée, ne sollicite pas les sens. Il est des catastrophes silencieuses, peu spectaculaires dans leur déroulement, qui n'en franchissent pas moins les points de non retour.

Société où seules aboutissent vraiment les méditations des notaires et des comptables.

Judiciarisation, où l'honneur n'est jamais convoqué.

Le courtisan n'attend ni ne précède la vérité.

La morale est commode pour les peuples qui veulent déchoir. Ils l'invoquent pour saper ce qui les tenait jusque là.

Ceux-là qui se défient de l'élitisme et des inégalités n'en conçoivent pas moins leur pensée et leur intelligence supérieurs.

Deux catégories d'homme nous sollicitent principalement : les fruits de belle apparence, parce que abondamment arrosés et traités, mais dénués de goût ; et les fruits secs, doux et racornis.

L'espèce pourrait se resserrer entre ceux qui se trompent et ceux qui s'interdisent de connaître la moindre ivresse de vérité.

Les croyances et les biens qui nous conduisent ne nous laissent jamais intacts.

Ce monde passera sans que lui soit révélé l'essentiel.
Nous avons beau parader, pérorer et conclure les meilleures affaires, nous n'ignorons pas moins pourquoi nous sommes là.

Les pentes descendantes sont les plus empruntées. Elles promettent un meilleur confort d'utilisation, suivent les lois de la gravitation et assurent que l'on sera en nombre à l'arrivée.

On spécule moins sur la bêtise que sur les dérèglements qu'elle induit.

L'amour de la liberté connaît deux conceptions : l'une qui pousse à s'émanciper ou à se délier, l'autre qui, concevant que nul n'en soit privé, est contrainte par ce principe.

Rien n'emplit plus ce monde que le vide. La détermination le menace d'accueillir pour s'affranchir de sa condition ou d'expulser pour revenir à elle.

Les bénéfices du nivellement ne sont produits que par ce qui aura échappé à son exigence de ragréage.

Le pouvoir d'oublier favorise la versatilité.

La profondeur de l'âme n'est pas celle des bas-fonds bien qu'elle tende à fréquenter ceux-ci.

Il y a une épopée de la décadence. On goûte en elle son côté tragique qu'on se plaît à associer à de la grandeur et à de la générosité. Fierté d'être descendu bien bas, d'avoir gratté en chœur le fond obscur du tonneau.

L'étendue des dégâts

Que chacun commence par s'effrayer de ses intempérances.

De grandes idées brandies par des hommes qui ne veulent pas être grands.

Il nous faudrait une haute idée de l'homme, et non point un homme qui n'aurait qu'une haute idée de lui-même.

On ne consent à explorer que les domaines où l'on est sûr de ne pas risquer d'écorner nos consciences. Peu importe que celles-ci s'échouent pourvu que le ban ne soit pas écueil.

La situation est désespérée bien qu'elle n'ait rien de très nouveau.

Il nous manque une école qui apprendrait à évaluer l'essentiel.

Il y a toujours un péril à nommer l'idéal.

Des richesses que des êtres épuisés imaginent inépuisables.

L'habitude et l'exigence que rien ne vienne déranger cette habitude prend la forme d'une vérité : la vérité de l'habitude.

L'acceptation du changement libère les rouages de la mécanique du changement.

Qui veut évoluer doit s'empêcher. Entre l'évolution et le progrès, c'est une question de permissivité et de laisser aller.

On ne s'instruit pas d'une pensée redevable au spasme et à l'agitation.

Hétérotélie. Ce mot pourrait expliquer tout ce dont se nourrit notre époque : une accumulation de bons sentiments qui débouchent sur des situations extravagantes.

Je lis sur le visage des habitants de la conurbation l'ombre de leur châtiment.

Il est fort possible que quelque part, à une époque, un génie a renoncé à s'exprimer ou bien l'a fait de manière tellement *inappropriée* que le monde n'a pas retenu son nom.

Rien de plus fécond que l'absurde.

On se désole davantage qu'un malheur touche un être jeune et beau. Comme si un privilège devait absolument en appeler un autre.

Le spectacle de l'avilissement du prochain est l'objet d'étude pour le penseur et d'occupation pour la masse.

S'agenouiller est lourd de conséquences quand on ne ressent aucune disposition à se relever ensuite.

La suppression de la décapitation ne démontre rien d'autre que notre foi en l'homme bon. Du bourreau et du prêtre ne subsiste plus que le prêtre.

Il y a dans la tolérance un côté abstentionniste et immobiliste qui, tandis que le terrain se perd, donne l'impression d'avancer.

La bienséance commande de ne pas s'esclaffer devant celui qui a émis le vœu de changer la face du monde.

La tâche la plus rude pour l'idéologue et le politicien est de savoir remettre l'homme à sa juste place.

Ce qui indigne la collectivité ce n'est pas elle-même mais ce qu'elle a engendré par son asthénie.

Pourquoi parler de l'être humain alors qu'il porte en lui tant de non-être et d'inhumanité ?

Il ne faudrait pas conclure à la maturité d'un peuple qui s'est figé dans la satisfaction.

Un monde dont le moteur est la procédure et le carburant l'émotion.

Nous sommes très vite passés d'une période où l'on ne payait pas celui qui travaillait à une période où l'on paye celui qui ne travaille pas.

La Presse, comme une grande salle où l'on entend mille voix s'exprimer, s'insurger, tellement qu'il n'en ressort qu'un brouhaha dont nos sens ne reçoivent plus que la rumeur et le fantasme.

C'est par ses erreurs de perspective qu'une démocratie se perd. Ainsi lorsqu'elle favorise la foule au détriment du peuple.

On s'accorde mieux sur ce qui ne doit pas être dit.

Ce qui est décrété faux est quelquefois ce qui doit être tu.
Tout comme le concept inconvenant est déclaré ensemble vide.

Tragédie de la démocratie : perpétuels affrontements entre alliés.

Le paradoxe de la démocratie c'est que son système l'autorise à divulguer aux oreilles profanes ce qui la fragilise.

Quand la vérité se tient dans la puissance et l'injustice c'est qu'on a moins confiance en l'homme que dans ce qui l'a rendu homme.

Poids de la procédure et de l'excès de lois sur le caractère des individus. Les démocraties qui se rigidifient ne sont pas plus solides mais plus cassantes.

Ce n'est pas tant par prosélytisme que le fondamentalisme se dresse contre ses détracteurs, mais par ce qu'il doute secrètement de la solidité de l'édifice consacré à ses dogmes.

Mentalité du moderne : que lui soit dû ce pour quoi il a démérité.

Mourir dans la dignité est ce que réclame notre temps, tandis qu'il désapprend à vivre dans cette même dignité.

La vie n'est ni un songe ni une farce ; elle s'arrête à *est*. Constat beaucoup plus accablant.

Que l'infini ait une frontière en ce bas-monde est le signe que nous sommes parvenus à infester le cosmos.

Ce monde nous enseigne que ce qu'il a en lui de plus fragile est la beauté et l'harmonie. Et que ce qui résiste est le scorpion, le cafard, l'homme et le marigot.

Nous nous entendons bien à dessécher ce qui est né pour fulgurer.

Je vois la fin de l'Histoire comme une impossibilité de descendre plus bas.

Civilisation de la revendication, de l'excuse, de l'instant et de l'évacuation du déchet, qui se focalise sur l'individualisme au détriment de l'autonomie.

Il faut accepter d'écrire pour le goût du public, donc puiser en ses facultés de se réduire, se pervertir pour la *bonne cause* – qui est aussi celle de son portefeuille.

Le penseur qui interroge et s'interroge sur l'essentiel n'a pas à attendre d'être rétribué à la hauteur des raconteurs d'histoires dont le talent se mesure au caractère éphémère de leur œuvre.

Les médias savent d'un cas particulier produire un phénomène *ambiant*.
Et s'ils ont le mérite d'enseigner l'éventualité du pire, ils n'en répandent pas moins leur virus anxiogène.

La société actuelle met en jeu tellement

d'intérêts qu'aborder tout problème avec franchise et clarté est devenu inconcevable.

Un régime qui s'est donné pour vocation d'arrondir les angles finit par tourner en rond.

Ceux qui n'ont rien à dire d'essentiel sont le mieux en accord avec ce temps.

Le drame des relations sociales est dans ce qu'elles ne savent pas évacuer l'envie.
Parfois survient un laxatif. Mais l'on réintègre toujours assez tôt l'état de rétention.

Ce continent est devenu la surface de *réparation*.

La grandeur ne veut pas d'une égalité qui se venge sur elle.

La prudence s'arrange fort bien de la

mollesse.

Ce qui manque à notre mesure est escamoté de nos préoccupations quotidiennes. Ainsi, le cosmos *mis* dans l'incapacité de nous renvoyer le moindre reflet de notre condition.

Tout l'art des puissants est de donner au peuple l'impression qu'il est apte à déterminer ce qui est bon pour lui.

Si on ne l'évite pas, on a tendance à aborder la vérité comme si elle pouvait se passer d'un éclairage brut.

La nouveauté est le seul fantasme entretenu par l'actualité.

L'homme ne s'évalue pas à lui-même mais à ce qu'il a distrait du ventre de la terre.

L'harmonie nous a quittés sur la pointe des

pieds. Avec une telle discrétion que nous ne trouvons pas indécent qu'elle nous manque.

Quelle providence s'est résolue à programmer l'espèce afin qu'elle pullule ?
Elle fait bien de se cacher.

Comment valoriser moralement l'habitude ?
Elle est vertu quand elle permet d'endormir les consciences.

L'homme qui marche debout marche-t-il debout ? Se méfier des trompeuses rutilances de la réalité. Il y a le propre que l'on se figure et le figuré que l'on s'approprie indûment.

Il en a toujours été ainsi, dans les sciences comme en littérature : on s'attache plus à dessiner et à raconter le monde qu'à l'élucider.

On est d'autant moins pénétré par la vérité qu'on se défend d'être violé par elle.

Désormais, tout changement procède de la culpabilisation.

Seconde partie

Faibles lueurs

On s'arrange de la vie mais elle ne nous arrange pas.

Faire la différence entre saisir une vérité et se l'approprier.

Nous devrions nous instruire sur ce que tout type de sujet prospère ou fortuné est incapable d'évaluer.

La raison me pousse vers mon semblable tandis que mon instinct voudrait que je m'en tienne éloigné.

L'autre est le début et la fin de nos tourments. Nous devons lui en savoir gré comme nous devons lui en vouloir.

La pensée que nous reposons sur du vide sans cesse en mouvement devrait nous harceler.

Où est-il écrit que la vérité doit être vertueuse ?
Dans les théologies.

Poète, tu ne racontes pas d'histoires, tu exiges de nous un effort supplémentaire, et tu t'étonnes de n'être pas porté aux nues.

Est-ce par confort ou par couardise que nous avons forcé Dieu à être Dieu ?

L'humanisme serait voué à un sort éphémère s'il n'avait en face de lui des bêtes à cornes.

Il faut des causes rebattues, qui emportent l'adhésion du grand nombre. Ainsi perdent-elles en précision ce qu'elles gagnent en accommodements.

Là où j'attends des éveilleurs s'avancent des répétiteurs.

Le bonheur, je l'ai connu quelques instants, si courts, qu'il était déjà dans mes souvenirs.

Quand on examine ce que l'être humain a fait de l'idée de bonheur, on ne peut que lui témoigner, et seulement ici, de la compassion.

C'est elle, la concupiscence, la conseillère de la plupart de nos actes prétendument sensés. Alors pourquoi taire son existence, pourquoi ne pas composer avec elle en toute lucidité ? Ne sommes-nous pas blasés de la voir s'avancer masquée ?

La fréquentation de l'agora peut inspirer de l'amertume, pas de l'étonnement.

Un mal sans volonté et sans visage, voilà l'inconcevable.

On cherche plus volontiers le responsable d'un mal que d'un bien.

Le plus difficile est de parvenir à nommer fléau ce qui est entré dans nos vies avec le temps. Pourquoi une longue confrontation vaudrait-elle toujours assentiment ?

Une faute installée *s'allège* avec le temps, et ses auteurs voient s'éloigner d'eux toute perspective de châtiment. Mais cette faute, on ne devrait la qualifier autrement que de faute. Précisément ce qu'elle est depuis toujours.

L'idée peine à *exister* en soi. L'individu

n'accouche que de traits inhérents à une perception, à une situation donnée. Un jour, je peux composer un traité dont je déconsidérerai des pans entiers le lendemain du fait que je ne me trouve pas dans les mêmes dispositions.

Les silences que l'on entend sont les plus lourds de sens.

Derrière les nobles sentiments ne se tiennent pas nécessairement de nobles sentiments.

Se tromper sur Dieu et se tromper de dieu est dans l'humus de l'espèce.

Pas de hiérarchie dans l'univers des évidences. Que l'on pose l'hypothèse d'un monde avec Dieu ou sans Dieu, on s'achemine toujours vers une mystification.

Nous pourrions nous égaliser devant des

idées bien plus hautes. Sur les cimes marquées par la rareté de l'air, là où la pensée s'allège en s'affûtant.

Tout est attente ou en attente. Ce principe doit tour à tour nous tranquilliser et nous tenailler.

Le temps nous est compté. Il nous faudrait savoir par *qui*.

Nette impression que la vérité est programmée pour nous fuir.

Toute science se nourrit de son incapacité à creuser jusqu'au fond.

La science s'exerce à corriger les imperfections d'une *heureuse* perfection.

La nature aime à se voiler. Tout en se confrontant à une espèce qui, elle, ne pense qu'à s'exposer.

Pour s'éviter la lourde tâche d'avoir à démontrer leur existence, l'homme n'a eu d'autre choix que de se révéler à ses dieux.

On doute tant qu'on n'a pas de certitudes, mais on n'est jamais certain de douter.

Les larmes versées sur la misère humaine en brouillent la vision.

Quelques lois accroissent le prestige de leurs concepteurs. Excessives, elles font douter de la hauteur des compétences de ceux-ci.

L'éthique est ce qu'ils veulent bien entendre, la morale est ce qu'ils sont forcés d'écouter.

La fatalité est faite de ce que l'on pense ne pouvoir éviter et de ce que l'on se doit d'accepter. La première forme se nomme résignation, la seconde discernement.

Simulation et duplicité déterminent le cours de toute vie sociale ou amoureuse.

Ne pas voir sympathie dans ce qui n'est que commerce avec l'espèce.

Augmenter le champ de ses connaissances c'est accepter d'être frappé par la dimension de ses impuissances.

Comme on brûle sa rétine à trop contempler la lumière, le bonheur qui ne s'abreuve pas à la fraîcheur de l'ombre se ternit.

Là où le commun voit une muraille, une forêt impénétrable, un désert aride et sans fin, l'oracle détermine un accès.

Une fois explorées toutes les voies de la renonciation, il reste à s'assoupir dans le silence de la réplétion ou à se réveiller en sursaut.

On ne dresse pas la réalité à obéir. Et si elle ne fait pas de vague, nul ne doit en déduire qu'elle s'est dissipée.

Accepter que des valeurs ne servent pas nécessairement des intérêts.

L'inconnaissance du sens de la vie nous égalise.

Le plus sûr ennemi de la religion reste la religion.

Il y a des intelligences rudimentaires. Le dissimuler n'est pas servir l'intelligence.

Ce monde n'a de cohérence que dans ce qu'il esquisse.

Le plus lucide est encore celui qui sait qu'il

sait qu'il ne sait pas.

Comment vivre avec l'idée de cette issue autrement qu'en nous persuadant que l'évidence de cette issue nous est rendue inaccessible ?

Identification des caractères.
Il y a ceux qui détruisent, ceux qui transforment et ceux qui travaillent à laisser en l'état.
Seuls les deux premiers se parlent et se comprennent.

Le politique démissionne de ses idées quand on souhaiterait le voir démissionner de son mandat.

Que vaut un humaniste qui épouse la cause pour défendre son pré carré ?

Comment ne pas témoigner de la suspicion envers la puissance du réel quand on sait comment il peut faire monter la température de l'âme ?

Le défaut de liberté favorise l'imagination au détriment de la pensée.

Nos libertés s'abreuvent désormais aux filets d'eau que les codes ont omis de tarir.

Si le principe de liberté était moral, il ne s'accommoderait pas d'un tel attirail de lois.

La Création serait irréprochable si elle n'avait eu à s'arranger avec le genre humain.

Mus par l'inébranlable faiblesse de notre entendement.

On peut trouver remarquable que quelques-uns soient résolus à prendre en charge les destinées de l'espèce. Qu'ils agissent ou s'abstiennent d'agir, ils seront salis et vilipendés.

Quand on a fait le choix de taire les différences, il devient cohérent de laisser la porte de la bergerie grande ouverte.

En équilibre. Non pas sur le bord du monde mais au milieu. Ce qui est moins glorieux.

Pourquoi livrés à la matière ? Notre faute originelle est-elle si considérable que nous ayons à l'expier ainsi ?

Dire que Dieu *est*, c'est mal commencer l'énoncé.

Comme l'ombre est mieux dessinée quand la lumière est vive, la décadence n'est perçue que par les âmes qui veulent encore brûler.

Il serait opportun de pouvoir déterminer ce qu'on a la faculté d'oublier. Mais, sur ce point, il est toujours trop tard.

Seuls les futurs suicidés peuvent fustiger la vie. Les autres font dans la pantomime.

La première réalité est que nous sommes trompés de toutes parts.
La seconde est que nul n'est payé pour nous l'apprendre.

On recourt au mensonge quand on redoute de n'être pas suivi sur des crêtes lavées par l'air salubre des hauteurs. Non par malhonnêteté mais par altruisme.

Le mensonge affecte la confiance, la franchise blesse les vanités.

Que vaut de la grandeur sans profondeur ?

L'honneur est d'autant augmenté qu'il s'est voué à combattre un régime réducteur de l'honneur.

Entre l'impensable et l'inéluctable ne flottent que quelques débris de matière humaine.

Ce qui passe à la hauteur de mes yeux est rarement à la hauteur de mes yeux.

Il faut hélas ! s'embrigader si l'on veut croire encore à un semblant de cohérence.

Qui détient la vérité n'est pas assuré de la détenir ; qui la cherche a du moins la certitude de ne l'avoir pas trouvée.

Nous sommes toujours en sursis de nos souffrances. Une piqûre et notre sensibilité est blessée. Mais que l'attaque se fasse attendre et nous sommes à l'affût de ce qui daignera nous tirer de notre léthargie.

Nous vibrons dans un univers qui ne nous questionne point. Mais nos ambitions s'entendent à nous détourner des contingences qu'il pousse devant lui.

Quand nous voyons déambuler bras dessus, bras dessous équité et félicité, nous pouvons déjà douter d'accéder à un monde meilleur avant longtemps.

Laissons les éternelles vérités nous échapper afin qu'elles ne nous tourmentent pas.

L'étoile qui éblouit mais nourrit la plus grande partie du jour finit par être ignorée de tous. Il faut témoigner d'un haut degré de perception pour s'astreindre à mesurer l'absolue nécessité de sa puissance.
Ainsi voudrait périr toute vérité impétueuse.

Nous ne parlons au mieux que le langage de nos ambitions.

On ne devrait pas se fier à nos accès de *sincérité*.

L'idée que l'on se fait de soi est peut-être la moins exacte de toutes.

Nous croyons que la banalité rythme l'agitation de ce monde ; elle ne fait que le fréquenter.

L'expression et la pensée justes se tiendraient hors du temps, de l'espace et des mots. Donc incapable de servir à notre édification, de nous faire sortir de notre condition.

Il y aura toujours plus de bateaux dans la rade qu'en pleine mer.

L'indifférence préside à la haine. L'une est innée, l'autre est pulsion. Seule la suspicion démontre une conduite sensée. Une longue fréquentation de l'espèce y conduit.

Il n'est de tentation qu'originelle.

Dire non peut être valorisant. Encore faut-il examiner à quelle formulation on aura ainsi répondu.
Il est toujours facile de reformuler la question afin que la réponse, d'avance donnée, contribue à asseoir une réputation.

Notre affiliation à un univers qui ne nous parle pas fait converger toutes nos aspirations vers une liberté sans conséquences.

Et voilà qu'ils commencent à rêver de pouvoir échapper à l'empire des rêves.

Ce qui ne se limite pas se fond dans la limite.

Encore un effort

La plupart d'entre nous voudrait s'économiser d'aller au-delà de ce qu'il suffit de savoir. Mais comment s'assurer que seront franchies des lignes décisives ?

La philosophie n'a pas à arrondir les angles tranchants de la réalité.

La vocation du Savoir est de ne pas émerger de la crypte où seuls les caractères trempés descendront le chercher.

Je ne souhaite une vie insouciante qu'à celui pour lequel j'éprouve une moindre considération.

Lorsque les réponses naissent d'interrogations qui ne sont pas posées, il y a soit hors sujet, soit exaltation, soit coup de génie. La peur du silence commande à tout.

Ce n'est pas parce qu'on appréhende mal le réel qu'il faut entraver son expression.

On partage plus volontiers une idée qu'on ne la visite.

L'adversité me rend plus fort...
Si je suis prêt à être fort.

Ne pas expliquer la voie mais la montrer.

Savoir ce qu'il n'y a pas vaut mieux qu'ignorer ce qui est.
Et débrouiller ce qui n'est pas de ce qui n'a jamais été.

Déterminer ce que l'opinion publique doit à l'opinion publique.

Nous péchons de n'avoir su nommer ce qui nous interdit de communiquer avec la *cause première*.

La plus redoutable entreprise pour l'homme de caractère : exposer sa différence aux yeux de son entourage au risque de se couper de lui.

Afin d'accéder à une certaine sérénité, il ne faudrait pas oublier ce que nous avons à oublier.

Ne point trop se pencher sur des vertus honorées par des courtisans.

Il y a ceux dont l'honneur est piqué par une affaire de cœur ou d'argent. Moins nombreux les êtres qui le conçoivent dans l'éminente clarté de sa dimension.

Ce ne sont pas nos qualités qui nous préservent de faillir mais nos dispositions à être dressés.

Ne pas chercher pour quoi on se repent mais pourquoi on en éprouve le besoin.

La vraie richesse serait de savoir accomplir ce dont le riche s'est rendu incapable.

Idées. On cède surtout à l'attrait des surfaces lisses et unicolores, alors que les fruits véreux et picorés s'avèrent plus savoureux et authentiques.

Il y a aussi un progrès qui est de tourner le dos aux injonctions du progrès.

Il faut apprendre des autres, non pour les imiter mais pour éviter de marcher sur leurs brisées.

Aimer autrui c'est vivre dans l'aveuglement de la médiocrité de ses qualités.

Dans une société *bien nourrie*, reconsidérer les vertus possibles de la cupidité.

L'honnêteté ne suffit pas à traverser ce monde impunément. Il faut savoir mentir pour préserver sa liberté.

La philosophie est ce qui interdit aux esprits de végéter, mais nullement à une civilisation de déchoir.

Faire la différence entre égalité et égalisation ; le premier terme est une fantaisie, dans les faits comme dans le droit ; le second son aboutissement dans un monde où l'incapable est présumé habile.

Une égalité concevable se nommerait tout au plus analogie.

Il est plus difficile de se révolter en ne cédant pas aux injonctions des révolutionnaires.

Le rebelle par excellence ne défile pas derrière banderoles ou étendards. Il se destine à avoir raison seul.

La véritable révolution viendrait de l'homme qui entreprendrait de dégraisser les codes qu'il s'est imposés par manque d'imagination.

Avoir l'œil et le nez. Ne pas trouver pourriture noble là où ne grouille que la vermine.

Dire que cela est ne signifie pas nécessairement que cela n'est que cela.

L'énigme du moi interroge rarement celle de l'être.

Est-ce l'univers qui explique Dieu ou Dieu qui se laisse entendre par lui ?

Avant de faire le choix d'honorer une valeur morale, les consciences veillent à ce que celle-ci n'aille pas à l'encontre de leur confort et de leurs superstitions. Alors qu'elles devraient s'instruire de son pouvoir de tremper les caractères.

Ce qui m'empêche a le même visage que ce qui m'oblige.

Par-delà la permanence et l'impermanence, il y a la permanence de l'impermanence. Principe selon quoi la confusion dispense au moins d'avoir à s'immerger dans l'uniformité.

Plutôt que de chercher à dire son nom, l'autorité doit d'abord travailler à asseoir ses principes.

À l'hôpital, ne demande pas à tes voisins de lit de fournir leur diagnostic sur ton état de santé.

Nul ne sait ce qui se dit.

Vivre dans le multiple et l'obligation d'en accepter les conséquences ne doit pas nous réduire.

Inspirer de bons sentiments loin des exhortations de l'utopie.

Face à ce qui veut finir, on n'adopte pas une conduite cohérente. Tour à tour, on aide à tomber et on retient, on asphyxie et on ventile.

Donner une signification moins fallacieuse de la vie, l'autoriser à se déterminer autrement que par l'être, l'envie et l'avoir.

Vers quelques limites du possible

Nous aussi, nous voulons fourbir des interdits.

Mais résolus sur l'accessoire et fatalistes sur l'essentiel.

Vivre sous le regard de l'Autre peut suffire à administrer une vie.

Et à la vider de toute ontologie.

Difficulté de philosopher, c'est-à-dire de se départir des principes dictés par la justice et l'amour sans apparaître indifférent au sort du monde.

Combien je pourrais parcourir de distance si je n'étais pas aussi mal accompagné de moi-même.

Est toujours significative, la réponse d'un nanti à la question « Qu'est-ce qu'une vie réussie ? ».

Continûment se démarquer de ce qu'on est *tenu* d'accepter.

Côtoyer sans pour autant se laisser subjuguer. Comprendre n'est pas nécessairement admettre.

Renouvellement des formes intangibles.
Infinité dans la création du fini.
Comme si au-delà de Dieu il y avait les dieux.

Un seul dieu nous juge, deux nous augmentent.

Toute vie humaine est entre parenthèses.
Nous reste à connaître l'intitulé de la
phrase complète.

Le Grand-Tout nous a précipités dans le
temps pour se préserver de nous.

Il y a une grande force dans l'amour.
C'est malheureusement le seul indice dont
je dispose sur lui.

Une religion intègre ne se payerait pas sur
nos maladies.

Ce monde relate une rencontre lucide de
l'absurde et de l'absolu ; cause sans effet et
effet sans cause.

Lorsque la nouveauté ne parle plus aux
sens, il est temps de revenir aux antiques
étonnements.

La mort annonce-t-elle que je ne suis plus

moi ou que je ne suis plus rien ?
C'est l'hypothèse d'une troisième option
qui m'intéresse.

Ne pas chercher Dieu où il ne veut pas être.

Pourquoi ici et maintenant, participant des
infinités de l'espace et du temps, à écrire ou
lire ces sentences, dans une telle
combinaison de *non nécessités* ?

On voudrait être instruit par ce qui oriente
ou limite toute manifestation du hasard.

Le multiple converge vers l'un qui se
déploie vers le multiple.

Nous ne recevons que les témoignages des
préliminaires de l'éternité.

Dans les infinités de l'univers et les lois de
probabilité, que le *je* ait pu s'offrir une
place au soleil insulte la raison.

On idéalise mieux un dieu qui demeure invisible et se tait.

La plus grossière approche du divin est de le chercher dans le temps. C'est pourtant la fibre du discours de toute révélation.

Dieu, dans sa perfection, ne peut prétendre à aucun rapport direct avec Sa *créature*. Ce qui peut être un moyen pour celle-ci d'être assurée de Son existence.

Le dieu qui ne témoigne pas d'un héroïsme tragique est voué à l'oubli.

Pourquoi ici une impossibilité plutôt qu'une possibilité ?

Toujours, le champ du possible se mesure au champ du probable.

Le vide s'il porte en lui des éventualités

n'est pas le vide.

Un chaos qui investit l'éternité et se structure ne l'a jamais été.

Une exigence permanente d'efficacité. Des combinaisons *aléatoires* qui n'autorisent pas à n'importe quoi d'advenir.

L'ontologie est dédaignée par la physique. C'est pourtant celle-ci qui détermine celle-là.

Dieu peut être l'effet dès lors qu'il rend la cause nécessaire.

L'espace-temps, ce rien qui déplace toutes choses et qui ne serait rien sans elles.

Le temps qui échappe au réel tisse notre réalité.

S'il n'y a pas de sens à tout cela, il y a du

moins une direction.

L'incertain est plus certain que le sens que nous donnons aux choses d'ici-bas.
Voyons-nous la chose si, pour nous, elle n'a pas de sens ? Auquel cas, de quelle manière signifier qu'elle n'a pas de sens ?

Le dieu le moins obscur est celui que nous façonnons.

Finalement il y a l'infini.

Vous tirez l'autre d'un sommeil prolongé alors qu'il glissait vers le néant. Et, contre toute attente, il trouve la force de vous insulter. Vous n'êtes peut-être pas si loin d'avoir atteint votre but.

Après s'être longtemps erré sur les pentes les moins empruntées, on est touché par un insidieux apitoiement à l'égard de l'espèce restée en bas. Signe que la quête commence à revêtir une signification.

Le réel est un élément périlleux tant il est voué aux impondérables. L'appréhender impose de se situer dans une *morale* qui n'autoriserait aucun recours au jugement.

La plus authentique fiction c'est la tranquillité.

Être de toujours plutôt qu'actuel.

La question à laquelle désormais il m'importe de répondre est :
Quelles forces me restent pour accomplir quelles résolutions ?

Ce qui indispose l'athée c'est cette sensation d'être issu d'une somme de hasards assemblés d'une manière qui dépasse précisément son entendement.

Le rationaliste ne devrait pas accorder plus

d'égards au prédicat d'un monde issu des contingences qu'à une invasion d'extra-terrestres ou à l'astrologie. Or, c'est avec celui-là qu'il s'éveille chaque jour.

Ne pas croire dans les dieux ne dispense pas ceux-ci de nous instruire.
Ne pas croire en Dieu n'interdit pas de penser à lui.

Je ne sais qui je dois remercier de ne m'avoir pas mis au monde au temps des tranchées et du masque à gaz.

Si les moyens peuvent se décliner indéfiniment, la fin ne varie pour nous que dans les circonstances où elle advient.

L'univers qui éloigne les galaxies les unes des autres marque son désaccord face à l'instinct grégaire.

Matières et esprit. L'être ne cesse de papillonner d'une énigme à l'autre.

On peut supposer l'avenir comme les vérités.

Il n'y a rien d'autre que le rien dans les limites du possible, la transparence des choses et leur reflet trompeur.

Au-dessus de la mêlée

Écrire en direction de ce qui doit être lu n'a d'intérêt que pour les dépressifs.

Derrière la critique de l'autre se dissimule bien souvent ce que nous persistons à taire pour nous-même.
Se dire plus souvent : « Je ne vaux pas mieux que lui. » Non par humilité mais par discernement.

Les recettes pour vivre mieux, nous les avons toutes éprouvées. Au détriment des recettes pour vivre moins mal.

Celui qui ne juge pas et ne souhaite rien changer à sa condition s'expose dangereusement aux regards de ce monde.

Si elle n'est pas brève, la jouissance mène au ramollissement.
Point de salut hors de l'orgasme.

Préserver une idée plutôt que l'imposer peut suffire.

Consolider les caractères n'a que peu de valeur si leur degré de vitalité est incertain.

L'égalité est une valeur née de manques d'ambition.

Ce qui nous faudrait combattre en priorité est moins l'étranger que cette partie en nous qui n'est pas nous.

Énumérer les avantages que l'on gagne à vivre au bord d'un précipice puis y porter ses pénates.

Le rôle de la figure d'exception est d'apporter au monde ce à quoi il ne s'attend plus.

Haïr la foule ignorante, n'est-ce pas haïr la foule tout court ?

Prendre de l'avance sur le monde ou creuser la distance avec lui relève d'une même exigence.

La raison d'être de la poésie est de dresser un rempart contre la science et le droit.

Ce ne sont pas les êtres confits en dévotions qui m'exaspèrent mais ceux qui leur ont fait *gagner* les catacombes.

Combien d'ardeurs ruinées, combien d'âmes perdues à avoir voulu absolument trouver une relation entre bonheur et bonté.

Il est regrettable que le message christique ne se soit pas limité à l'expulsion des marchands du temple.

Désormais, il faudra méditer encore plus longuement le réel.

Je me suis fait une telle opinion de l'espèce que je la vois plus *efficacement* tirer sa légitimité du néant que de l'infini.

Il y a une nécessité aveugle et une nécessité aveuglante.

Je ne supporte jamais longtemps la solitude et la rigueur des sommets. Mais une fois retourné à la multitude, je n'aspire qu'à remonter.

Ne pas se laisser conduire par ce qui se laisse conduire.

Ce n'est pas de jouir dont je me garde, mais de jouir sans connaissance.

La vérité la plus haute se nourrit de l'erreur la plus lourde.

Si les esprits éveillés ne surgissent que durant les âges sombres, c'est parce qu'il n'y a d'utilité à penser que contre ce qui nous abaisse.

Le meilleur allié d'une démocratie n'est pas celui qui veille scrupuleusement à son intégrité lorsqu'elle est éreintée.

Il ne faudrait point désespérer de trouver des caractères vertueux dans un environnement où tout nous crie que nous sommes précisément entouré de cela.

Dans un monde qui sollicite l'œil, la langue et l'estomac, comment interdire à l'intelligence de vaciller ?

On reconnaît le vivant à ce qu'il traque les issues de secours.

Qui a des ennemis n'ayant pas cherché à nuire à sa réputation démontre, sinon la grande qualité dans laquelle il s'est hissé, la qualité de ses ennemis.

Ne donner son avis sur rien relève de l'hébétude ou d'une haute détermination.

Ce que chacun doit redouter, c'est plus de voir tous ses désirs satisfaits que de ne pouvoir les satisfaire.

Si le sens de toute vie tient dans le respect de la norme, il n'y a pas lieu de penser.

Il ne faut certes pas qu'une liberté menace la liberté d'autrui, mais l'on s'empêche inutilement si l'on sait admettre qu'autrui a peu d'engouement pour la liberté.

Le maintien de l'ordre doit passer par l'oubli que le salut de l'homme est d'ordre individuel.

On a envie de se dire « puisque nous appartenons au néant, soyons au néant ». C'est une salutaire acuité qui commande à quelques-uns de ne pas agréer ce programme.

Il n'est pas opportun pour un caractère trempé d'intégrer le *droit chemin*.

La figure qui devrait capter notre attention n'est pas celle qui s'exprime au milieu des vociférations mais qui s'adresse à la masse indécise sans se mêler à elle.

Là où ils disent revendications j'entends jérémiades.

Sincérités

Ne pas apporter sa pierre à un édifice qui n'en veut pas.

En témoignant de mon vice pour la dispersion, je fournis des armes à mes détracteurs. Mais je leur donne mêmement du fil à retordre.

La connaissance délayée dans la profusion des paroles et des écrits reste ainsi agrégée à l'empire des pharisiens.
Nous manquons d'orateurs qui pratiqueraient l'économie de mots et que quelques-uns s'en iraient dénicher dans la

profondeur des forêts.

Veux-tu te condamner à l'isolement ?
Tu n'as qu'à montrer autour de toi le visage de l'indifférence ou t'exprimer avec sincérité.

Qui en sait beaucoup sur la nature humaine ne gagne rien à s'en prévaloir.

On mesure la compétence et le mérite du philosophe à ce qu'il a choisi de faire la plus basse besogne.

La philosophie c'est la conformation à un mode de vie dont le sens donné ne peut que s'instruire des tragédies de la pensée. Non pas la course à l'obtention de titres ou la vénération pour l'exégèse.

Ce n'est pas la retraite qui prédispose le mieux à la misanthropie mais le commerce accru de l'espèce.

Le philosophe, un sage ?
Mais il lui faudrait vivre nu, muet, sans ami
et retiré du monde, jusqu'à faire oublier son
existence.

La question n'est pas de savoir ce qui nous
appelle mais *où* serons-nous appelés.

Combien de fois ce qui relève
prétendument de l'intelligence n'est-il dû
qu'à une forme de dévotion ?

Avoir conscience que les questions
fondamentales resteront sans réponse et ne
pas renoncer à les poser.

C'est la dure expérience de l'objectivité qui
révèle l'inégalité entre les hommes.

Ce qui frappe avant tout l'entendement c'est
le commentaire froidement objectif. Car il
va rarement, sociologiquement et

politiquement, dans le sens de ce qui est convenu.

L'égalité ne relève que d'un consensus, l'acceptation de règles humaines dont chacun veillera invariablement à se départir.

La cause est bien plus inimaginable que l'effet. Cependant, elle nous parle mieux.

Parfois, je dois travestir ma pensée afin qu'elle ne heurte mon entourage. Comment éviter l'apostasie autrement que par la mystification ?
On ne pense pas la vie, on pense la sienne.

Je n'ose pas assez et je m'indigne trop.

L'éloge reçu n'ajoute rien à mes qualités.

Seule la mort pourrait faire accéder à la suprême connaissance puisqu'elle pulvérise l'ego.

Sentence du pessimiste : quand je vais mal le monde va mal, quand je vais bien il ne s'améliore pas pour autant.

Nombreux à escompter être compris alors qu'ils n'ont eux-mêmes pas compris.

Mû par un sentiment d'indulgence, j'ai longtemps nommé altruisme ce qui n'était qu'ingénuité, tout comme j'ai tardé à admettre l'évidence selon quoi la sottise, l'irrésolution et la mesquinerie caractérisent l'espèce.

Ma nature me commande d'énumérer les raisons de ne pas me supprimer.
Et de priver quelques consciences de leur droit à la tranquillité.

Je ne suis pas déçu par la vie mais par ce qui la traverse.

Saisir ce qui, dans nos trahisons, laissent indifférents les démons comme les anges, les moralistes comme les prédicateurs. Là est peut-être le ressort de nos déportements.

Appréhender la réalité n'est donné à nulle conscience, si éveillée soit-elle. Que nous soyons tenus éloignés de ses ambiguïtés nous rend l'affaire supportable.

À défendre une position, on préfère éreinter celle qui nous est contraire.

Aujourd'hui, je n'ai pas pensé à la mort. Même quand je n'y pense pas, j'y pense.

Tout monde vide n'est qu'une potentialité. Il peut avoir été *vidé*.

Éternel retour, éternels détours. L'esprit s'émancipe de la matière qui revient régenter l'esprit.

Ce monde est plein d'inconcevables et d'inconvenances auxquels seule notre émotion dénie la potentialité.

Que l'acteur d'une existence passée à amasser l'insignifiant appréhende que tout cela finisse constitue pour moi le plus haut étonnement.

Confiance nécessaire en la mémoire. Pourtant si vulnérable instance s'arrangeant du spectacle de fragilités ajoutées à la fragilité.

Savoir tenir sa place lorsque les égarements collectifs passent pour des mouvements concertés.

Ce n'est pas dans la solitude qu'on apprend qu'on est seul.

Ceux qui prétendent parler au nom de moi-même ne m'écouteront pas lorsque j'aurai le pouvoir de parler au nom de moi-même.

La normalité m'interroge autant qu'elle m'émeut.

Sincérité : vertu qui doit savoir s'instruire dans la méchanceté.

L'indifférence pour ce que je ne sais finalement pas examiner.

Je veux aider cette société à supporter son agonie, sinon à prendre conscience de sa disgrâce. Mais m'anime aussi la prétention d'escompter qu'elle me témoigne quelque reconnaissance quand bien même je lui confie avoir si peu de considération pour elle.

Ces esprits qui pensaient hors du temps – parce que venus trop tôt ou trop tard –, pourquoi auraient-ils traité favorablement la société qu'ils traversaient, pourquoi vouloir la secourir quand elle-même les stigmatisait pour avoir mis le doigt sur ce qui la rongeait ?

Il faut des maux et des méchants pour forger une morale. Celle-ci, stigmatisant ceux-là, leur doit l'essentiel de sa vitalité.

Une remarque bien sentie est rarement bien entendue.

Il est moins décisif de savoir si l'on est allongé dans la bonne position que d'être assuré qu'on se relèvera.

Il n'est pas de libre volonté, il n'est que des nécessités.

Ce n'est pas tant de s'être trompé dont on se sent piqué, mais de l'avoir été. Mais l'a-t-on bien été ?

Je peux toujours me défendre d'appartenir à l'irascible corps des vaniteux ; si je n'en étais pas, j'aurais renoncé à commettre ces lignes.
Évacuez la vanité et le monde renonce.

Le calcul détermine le degré d'altruisme.

C'est aussi l'amour-propre qui nous fait dédaigner la gloire.

Le supérieur s'appuie sur l'inférieur et ne peut être soutenu que par lui ; c'est pourquoi il n'a d'autre choix que de le ménager.

On ne se prétend supérieur qu'à ce qu'on connaît mal.

Au-delà de la paix, il y a l'ennui. Rarement l'imagination.

Vitupérer contre l'espèce est ma vocation.

Une sorte d'instinct qui me commande de la bousculer pour lui venir en aide. Perpétuel malentendu.

Je vis au milieu des différences et des indifférences.

Qu'un petit nombre me trouve et me lise me convient. Le contraire serait étonnant, sinon inquiétant.

Le plus sûr argument en faveur de l'exil est de ne pas rester associé à ceux qui ont placé leurs espoirs entre l'irrésolution et la résignation.

En l'autre je me retrouve dans ce qu'il redoute chez l'autre.

On n'éprouve l'envie de fréquenter certains êtres que pour leur signifier notre mépris.

Ce n'est pas la parole qui vérifie ce que je suis.

La cohérence du monde ne m'apparaît que dans la traversée à pieds en solitaire d'un paysage préservé.

Je ne suis assuré que de me tromper. Sauf sur ce point.

LA POMME OU LE CROISSANT

Ils préfèrent être ce qu'ils ont.

Le souci de l'ici et du maintenant est ce qui meut la multitude vers demain.

Mêmement on appartiennent et on n'appartient pas, pris entre ce qui tient et ce à quoi on tient.

La liberté d'engloutir est la mieux dirigée.

Ceux que l'appât du gain conduit donnent pouvoir aux autres sur eux-mêmes. Dirigés ici, et aussi là.

Sujet de l'objet plutôt que du verbe, qui ne se prononce pas sur ce qu'il y a de trop mais sur ce qui vient à faire défaut.

La futilité met à l'abri du besoin.
Car ce qui taraude chacun n'est plus la peur
de se perdre mais la peur de perdre.

Acquérir ce qui est utile puis, la fortune
aidant, ce qui devient utile de montrer.

Profusion de fables, de nourritures, de
signalements, de règlements. Et cependant,
pas assez. *Pas assez !* entend-on et lit-on.

Qui s'affiche n'use pas ses regards à
percevoir ce qui s'affiche.

Comment admettre que tant d'adeptes de
romans et de cinéma soient soucieux de
connaître la vérité ?

Quand le besoin de distraction dirige toute
existence, le jugement s'instruit de la ptôse
abdominale et de la crampe de l'esprit.

Ce qui met en jeu et motive leur pensée c'est l'urgence de leurs besoins, nullement le péril de l'opulence.

Ils ne veulent pas vivre éloignés des envieux, ni prospérer en dehors de la postérité. Leurs vertus n'ont pour raison d'être que de servir leur vanité.

Ils mettent moins de morale dans leur façon de consommer que dans leur façon de penser.

Convaincus que ce qui a reçu la marque de l'unanimité les aidera à émerger des ténèbres.

Savoir qu'ils sont trop nombreux ne leur enseigne rien. Ils voudraient justement se compter plus nombreux à accéder à la richesse et au bien-être.
Et plus nombreux aussi à assister à la dévastation du monde.

Plus la quantité s'augmente, mieux elle s'arrange de ce que l'un se structure au détriment de l'unique.

De grands espoirs ont été placés en l'homme et en ses facultés de se faire Dieu. Espoirs qu'il a nourris d'aliments avariés.

Ils ont vendu leur âme à des allégories. C'est pourquoi ils préfèrent la loterie des jeux de hasard à celle de la vie.

Ils affectionnent la catharsis du bruit et de l'image. Comme s'il n'était de plus mauvaise compagnie que la leur.

Celui-là doit sa renommée à ce qu'il est *occupé*, non à ce qu'il a su se libérer de ses charges. Comme autrefois le bourgeois devait avoir du ventre.

L'école de l'intuition et les jardins de la

connaissance n'ont jamais été aussi peu visités. Des vociférations, des geignements, un air vicié, une vocation pour le divertissement et la convalescence qu'ils ont nommé progrès et sens de l'Histoire.

Tant de fascination pour le superflu n'indispose que quelques esprits asociaux.

Ils paraissent pour éveiller la concupiscence, non pour donner l'exemple.

Là où l'insignifiant et l'illusion règlent leurs existences, ils préfèrent entendre bonheur et liberté.

Bien nourris, ils appartiennent à leur temps. Et alimentent les conversations de ce dont ils se sont bien nourris.

De quoi ont-ils précisément manqué ? De mépris et de détachement. Respectueux des avis de ce nombre qui leur semble si avisé.

Ils ont évoqué leurs projets immobiliers, l'étendue de leurs propriétés, les performances de leurs véhicules et la haute intelligence de leur progéniture. Remarquablement détachés de l'état de leur ventre et de leurs neurones.

Ont-ils bien renommé ce qu'ils ont déserté pour n'en pas ressentir l'incessant rappel de la piqûre ? Ont-ils habilement dissimulé leurs vices sous le tapis de leurs ambitions ?

Grouillant sur des amas de déchets cosmiques, épuisant l'univers, une variété du vivant prolifère, s'engraisse, ignore, et cependant présume que son destin tutoie l'éternité.

Là où la liberté nous trompe : on est *libre* de fréquenter et de consommer ce qui crée des dépendances.

L'heure n'est plus à l'amitié entre les peuples mais entre les consommateurs et les administrés.

*

* *

On pense ou on ne pense pas, on fait ou on s'abstient de faire. Mais toujours on se voue et on est voué.

Nous laissons nos goûts et nos peurs réduire nos vues. Et, tandis que s'associent utilité et futilité, le moindre grouillement bénéficie d'un avis favorable.

Le corps a ses habitudes et ses langueurs. L'esprit a ses certitudes et éléments surnuméraires. Mais que dire de l'âme, au caractère plus profond ? Il lui faut une grande force pour espérer échapper au néant comme à toute promesse d'éternité.

121

Ce qui encourage au dépouillement des biens matériels peut encombrer l'esprit qui imagine la vérité plutôt qu'il ne croit en elle.

Le dévot ne blâme pas ce qui le soumet mais ceux qui résistent à se laisser soumettre.

Le silence et l'acceptation. Sauf contre ce qui viendrait ébranler les *bénéfices* du consensus.

C'est à sa propre compagnie que le croyant renonce à appartenir. Son malheur tient moins dans le respect de sa condition de croyant que dans ce qu'il s'est habitué à cette condition.

Il y a eu égalisation dans les catacombes puis sur les plaines, au cœur des sanctuaires vers lesquelles ils ont été appelés.

Et il leur semble que, par leurs dévotions, ils se sont élevés, que même cette élévation a fait disparaître de leur horizon ce grouillement qu'ils composent avec une si fiévreuse piété.

Tant de peuples dont l'amour de l'aliénation entretient la pathologie. Foules qui intègrent l'Histoire avec le désir de vaincre mais qui n'ont soumis que leur intelligence.

Religion.
Quand l'absence et les silences sont sommés de s'expliquer.
Des cordes, des nœuds et des filets.

La religion n'irradie que quelques hérétiques, elle dessèche les autres.

L'imprescriptible miracle attaché au monothéisme est d'avoir subjugué autant de consciences.

N'avoir pas été un grand peuple évite d'assister à la déroute de la gloire et au racornissement de la volonté. Mais l'on s'afflige du spectacle des grands qui, s'étant voués à la plus dévote piété, ont oublié qui ils étaient au point de n'être plus touchés par la conscience d'avoir déchu.

De tous leurs préceptes, celui relatif au sort de l'intelligence est à l'évidence le mieux observé par eux.

Il n'est pas sûr que ceux qui voudraient tirer les esprits faibles de l'ornière de l'orthodoxie leur rendent service. Pourquoi dénier aux moutons le droit de vivre en troupeau si tel est l'impératif par lequel ils se sont laissé conduire ?

On souhaiterait pouvoir figer le principe de la relativité des civilisations quand bien même certaines acceptent de se tenir dans la norme, la pénitence et la soumission.

Honorer, quand personne n'y croit, les nobles idéaux forgés au nom de la civilisation universelle.

Face à la lourdeur des vérités, l'émotion de leurs intuitions leur a manqué. Les principes supérieurs ont été révisés dans l'abaissement des consciences.
Autant d'accommodements pour donner un sens à l'absence.

Pan n'a jamais été chassé des villes ; il a renoncé à y entrer. Tandis que le dieu des souffreteuses processions n'y a su résister.

Nous tenons le péché de ce dieu ; il s'exprime dans la diatribe et l'intimidation.

Une religion qui a prospéré dans la violence et la macération a peu de raisons, si elle veut durer, de se tenir à l'écart de ces principes.

La prescription et l'interdit touchent les peuples mûrs pour la prescription et l'interdit. De même qu'un simple d'esprit souscrit mieux à un discours favorable aux simples d'esprit.

Des esclaves qui veulent commander au monde tout en conservant leurs dispositions pour la servitude.

La foi rassure et le dogme culpabilise. Deux visages d'un même procédé.

Les religions font mieux toucher du doigt la réalité des inégalités intellectuelles.

Le prosélyte redoute ce qu'il dénomme *vide spirituel*. Il s'insinue dans la moindre fissure, fût-elle envahie de vermine.

Le sommet de leur dialectique est de décréter exemplaire une situation où les libertés sont sapées par l'impératif d'égalisation.

Un dieu muet, mais convoqué dans la clameur et l'effet de manches.
Un accord qui intime de se taire ou de joindre sa voix aux plus obscures litanies.

Un paradoxe : cette énergie dont ils ont usé afin de se conformer aux superstitions idéologiques et qui les prédispose à l'aphasie.

Devant la peur du châtiment, l'intelligence s'égalise.

Ils présument qu'ils pensent du fait qu'ils pensent *bien*.

Ne percevoir d'harmonie que dans la confusion est leur nouveau commandement.

Ils dessinent des limites au chaos. Ainsi

espèrent-ils tempérer la confusion par le biais de leur crédulité.

Ici, il est présumé convenable que, quand la quantité parle, elle ait le dernier mot.

Ici, les opinions sont vérité, les ressemblances égalité.

Une procession s'avance à visage découvert sur les sentiers battus. Et sur ces visages, il ne peut être mis de noms. Confondus par ce qui les rassemble.

Ceux qui se disent *élus* associent à un privilège leur inclination pour l'obéissance et la contrition. L' arrogance au service de la rédemption.

Quelle sincérité ont-ils désertée quand ils ont renoncé à expliquer la cause par la cause ?

Le caractère tyrannique de leur bonne conscience a pris l'allure d'une paix intérieure.

Le commandement qui leur sied : suivre la foule qui ne sait que suivre la foule, se prosterner devant tout ce qui se prosterne.

Il leur arrive de se demander si l'essentiel est bien de vivre l'essentiel, puis ils finissent par écarter toute réponse du fait que celle-ci ne leur apparaîtra jamais appropriée.

Ils voient la vie comme un châtiment autrement plus sérieux que la mort.

Des fidèles infidèles à la liberté.

Quelques tours de dialectique transmuent le vice en qualité, donnent des directives à la réalité.

Un dieu si *puissant* qu'il diffère continûment la preuve de son existence. Désespéré que nous nous montrions indignes d'en souhaiter savoir plus.

Le devoir d'indifférence envers les différences prend le pas sur toute autre considération.

Cette appétence de promesses et de prédications n'atteste que d'une peur de l'avenir.

Dieu, exauce leurs prières, bien que leurs vanités te blessent.
Ils te savent gré de n'avoir pas choisi entre eux et le néant.
Même si, de l'un à l'autre, la distance est insignifiante.

Ces existences qui n'ont rien exigé de la vie ne doivent pas s'étonner de n'être pas visitées par la vie.

Ne pas déplorer que la bigoterie soit marquée des stigmates qu'elle invoque.

Un dieu que leur passion pour la restriction et le renoncement a rendu impotent. Que peut-on leur souhaiter de mieux ?

Au milieu d'un champ d'affliction, ils s'appliquent à en cultiver une qui passera toutes les autres par son caractère pandémique.

La morale et la fable nous trompent sur la profondeur de notre nature. C'est ce qui nous endort qui nous trompe.

Quand on ne peut admettre l'absolu, on s'intéresse au relatif. Mais dans ce qu'il pourrait montrer de plus absolu.

*
* *

Ne pas voir bannissement dans l'éloignement de ses semblables et pénitence dans la privation de nourriture. Autrui peut être de mauvaise compagnie et la nourriture saturée de mauvaise graisse.

Pour comprendre Dieu, il faudrait comprendre la vie.
On préfère se la laisser expliquer.

Un dieu conforme à son essence ne peut voir procéder envers lui qu'à une longue suite d'arrangements.

On se refuse à croire que ce qui n'est pas est ce qui manque à notre entendement.

Vin, poésie, volupté. Il est des délices qui n'ont rien d'indispensable et cependant indispensables au déploiement de nos ailes.

Celui-là qui redoute de voir les hommes

sous le joug et se soucie de leur santé mentale doit se préparer à connaître d'amères désillusions.

La plongée dans le for intérieur est le péché contre la société du loisir et de la révélation.

Face aux armées de prédicateurs, c'est le silence qui raconte le monde.

Quand on a fui une révélation du fait que le grand nombre y souscrit, la meilleure considération pour soi-même se substitue à la bonne conscience.

Dans un monde voué au règlement, on pèche de ne savoir déterminer à quoi l'on n'est pas inféodé.

La volonté ne parle pas à l'opinion publique.

La liberté n'a pas à être proposée aux natures sans imagination.

Il est des luttes absurdes qui régénèrent.

Ce que nous payons le plus cher est ce que nous gagnerions à manquer.
Tout ce que nous n'avons pas jeté. Et tout ce que nous avons profondément enfoui. Faire le compte et le décompte. Et voir si le remords nous saisit.

Identifier la substance de la misère humaine ne suffit pas : l'interroger sur la façon de n'y pas sombrer à son tour.

Toute réalité tenue éloignée de l'esprit de dévotion et de dévouement bénéficie d'un meilleur éclairage.

Seuls les confins de la pensée se connectent aux origines du monde.

Cosmos embarrassé d'être abordé par autant d'insignifiance.

*
* *

Ce temps ne cloue pas les idées aux pilori mais la profondeur de la pensée, ce que l'on expose et non ce que l'on juge.

Si on méprise le monde, on sera condamné par lui. Preuve s'il en faut qu'il méritait de l'être.

Il arrive un moment, un point de non retour, où la révélation qui nous frappe invite à se taire. Le savoir a besoin d'obscurité.

Pour écrire valablement sur les idées, et vivre en saine relation avec soi-même, nous manquons de dénier à quiconque le droit de nous juger. Maintenons éloignés prophètes et délateurs, et survolons l'oiseau de proie ;

135

dédaignons de courber l'échine et d'embrasser les contraintes auxquelles ont sacrifiés ceux qui ont *fait carrière*.

Ne pas s'entendre dire que l'on est le meilleur ne doit pas manquer si l'on a su s'éviter d'avoir à entendre qu'on s'est laissé aller.

Surmontant la couverture nuageuse, ces *lucidités* qui demeurent ignorées ou méprisées, pourquoi tenter d'en délivrer l'accès à ceux qui ne veulent laisser que les lois de la pesanteur les contraindre ?

Il y a toujours un danger à s'élever ; danger de s'isoler, danger de retomber. Il faut être *à la hauteur* d'un telle ambition.

Après avoir médité sur le monde, on se passe l'envie de méditer sur soi.

Hors des sentiers battus, je trouve ce que j'étais venu chercher, c'est-à-dire ce que je ne soupçonnais pas.

Sur les sommets où je me suis retrouvé seul, l'univers dialoguait avec moi. Même quand il me donnait à voir des étoiles mortes comme vivantes.

À quoi cela m'avancerait de connaître le degré de mon ignorance lorsque m'instruit l'anonymat des puissances cosmiques ?

Ô vigueur de l'incommensurable élan. Laissez-lui prendre les formes les plus décisives aux abords des immensités.

ANAMNÈSES - DÉVOILEMENTS

Cela se passe là-haut ou ailleurs, et nous n'y pouvons rien.

Toute existence vient démontrer que le *néant* contraint une réalité intelligible.

L'étant assigne à l'Univers d'épouser la médiocrité de sa condition.

Le tour de force de l'Incréé est d'être tout de même *là*.

Tout s'envole et tend à disparaître, sauf la fatalité de notre désordre mental.

On n'enferme ni ne détourne pas impunément le chaos.

Entre les nébulosités que nous poursuivons et celles qui nous poursuivent.

Dompter son engouement pour l'homme et le rendre à l'exiguïté de sa quintessence.

En deçà de ce qui nous échappe s'amoncellent les prescriptions.

Le bonheur est une erreur qui circonscrit la pensée.

Il suffirait de savoir reconnaître l'inconnaissable.

L'harmonie ne commet que des péchés véniels mais en grand nombre.

Dans cet environnement où ne s'inscrivent ni limites ni retranchements, seules les réponses débusquées consolident l'espoir.

Quand elle ne frappe pas assez fort, la

vérité se rend suspecte.

*
* *

Ni fluctuante ni vagabonde, une pensée digne de ce nom se situe hors du monde.

La fertile pensée invariablement se révèle à des temps qui n'en veulent pas. Et marquer d'une pierre blanche le jour où elle n'a pas renoncé à poindre relève de l'hétérodoxie.

Entre la science et l'amour : la survie en milieu hostile.

Quand la méthode et la mesure ne livrent pas de résultat, il est permis de convoquer ce qui n'a jamais admis le résultat.

Vertus aléatoires de l'intelligence qui n'ont de prix que dans la durée qu'elles s'accordent.

Une mer étale ne dit rien, mais déchaînée n'enseigne pas davantage par son discours assourdissant.

Le changement est la seule certitude que nous pouvons *arraisonner*.

Ce qui met l'homme en conjonction avec la Nature est ce qui le détermine le mieux.

La mort ne fauche rien tant que la démesure de nos ambitions.

Ce qui justifie notre existence peut être dû à quelques-uns. Ici, il faut avoir la foi.

*

* *

Comment peut penser dangereusement qui ne veut vivre dangereusement ?

Ces réveils difficiles mais nécessaires que nul ne veut plus avoir à connaître.

Quand l'œil est agressé par les vérités solaires, il examine les abîmes, en aruspice.

On peine à désespérer d'être si plein d'égards pour les hommes au détriment de l'homme.

On s'instruit rarement de la conséquence de ses empêchements, de ce que l'intelligence s'altère par le besoin de tuer le poète.

Qui a donné le visage de la normalité à l'anormalité est impropre à diriger ses soupçons jusqu'à lui.

Subir l'humiliation et sombrer dans l'oubli. Creuser le fossé entre la conscience et le ventre. Louer la perfection qui, à force de repentir et de respect scrupuleux de la déontologie, annonce un règne sans nuages.

À ce temps, il ne faudrait pas parler de victoires autrement que sur ses maladies.

Le marasme de la pensée ne s'ébat pas ailleurs que dans le marécage de la vie.

Une lumière artificielle, une beauté voilée ou salie traduisent la ténuité de l'intégrité du monde.

Tant de *nobles idéaux* déployés dans la banalité.

Lorsque rêve et fiction ont étanché leur soif, ils se passionnent pour la traque des vides juridiques, seule réalité désormais acceptable.

Tout se resserre entre recherche de l'ordre et du mot d'ordre. Meilleure assurance d'*évoluer* dans un environnement apoétique.

Accordant leur ordre du jour avec la superficialité de leur temps, dotés de cette sincère et profonde détermination à ne pas se lever : ici, du moins, leur volonté commande encore.

Ces conventions qu'ils étreignent et par lesquelles ils repoussent loin d'eux toute convocation de leur faculté d'être.

On passe trop de temps et on se réduit à faire cause commune avec des caractères dont la préoccupation est de se tenir éloigné des risques et des contingences.

Devant tant de dispositions à s'émouvoir devant tant de défaites, il est bien tard pour renoncer à dédaigner l'espèce.

Toute lucidité s'estompe tant que nous imposons de la rigidité à notre devenir.

Toute évaluation du monde se tient dans l'imposture de ce qui s'évalue.

Doit-on célébrer l'univers ou le renvoyer à son anonymat ?

L'existence ne procède que du sens qu'elle se donne.
Un hasard sans causes finales, investi d'une autorité que rien ne fait plier.

Du même auteur

Énigmes et secrets du Causse, essai.
Naturellement, 1999.

Nietzsche, biographie. Pardès, 2002.

Vitalisme et Vitalité, essai. Editions du Lore, 2006.

Esprit du Monde - œuvres en perspectives, essai.
Auda Isarn, 2011.

Midi à la source – *Carnets 1990-2011*,
Alexipharmaque, 2015.

Le soleil d'or – roman. Alexipharmaque
(collection "Les Narratives"), 2015.

Fort à faire – roman. Auda Isarn, 2016.

Le voyage du Graal, récit.
Dualpha, 2017 (traduit en portugais chez Hugin).

Nouvelles des montagnes, nouvelles. Auda Isarn,
2004, 2007, 2018.